SILVANA MACHADO VALENÇA

DA REALIDADE À VIRTUALIDADE:
EDADILAUTRIV A EDADILAER AD

SÃO PAULO

2019

SILVANA MACHADO VALENÇA

SILVANA MACHADO VALENÇA

DA REALIDADE À VIRTUALIDADE:
EDADILAUTRIV A EDADILAER AD

Projeto de pesquisa apresentado ao Comitê Avaliador de Iniciação Científica das Faculdades Metropolitanas Unidas.

Prof.a Orientadora: MS.c Maria Gabriela dos Santos Pereira

SÃO PAULO

2019

2

AGRADECIMENTOS

Agradeço à minha orientadora, Maria Gabriela Pereira, pela paciência, dedicação e ensinamentos que possibilitaram que eu realizasse este trabalho. Agradeço, acima de tudo, pela sagacidade em pinçar no meio de um emaranhado tão confuso de ideias aquilo que, de fato, eu gostaria de dizer;

Agradeço também à professora Adriana Dinamarco por toda ajuda e discussão na elaboração do cerne deste projeto;

ao professor Tiago Oliveira, por dicas cruciais;

ao querido amigo Hebert Valois, por constituir a minha própria relação com a virtualidade ao longo de tantos anos;

à psicóloga Fabiana Silva, minha terapeuta e guardiã de minha sanidade;

à minha mãe, Maria Machado, por ser a minha primeira e maior incentivadora;

a Xuxa, diva etérea e eterna Rainha dos Baixinhos;

e a você, que está dedicando alguns minutos a ler este artigo.

VALENÇA, Silvana Machado. **Da realidade à virtualidade**: "edadilautriv a edadilaer ad". Iniciação Científica. Laureate International Universities: Centro Universitário das Faculdades Metropolitanas Unidas. SP, 2019.

RESUMO

Da antiguidade clássica do mundo ideal de Platão (2012) até o sujeito virtual Pós-Moderno tão criticado por Bauman (2007), a noção do que é realidade mudou, assim como o humano que a experiencia. A presente pesquisa visa discutir teoricamente as diversas concepções sobre a realidade ao longo da História da Psicologia Moderna, bem como sua base filosófica. Tal reflexão se faz necessária por permitir a compreensão da relação do humano contemporâneo com a virtualidade, que também o constitui; assim como a sua diferenciação da realidade através do "eu". A Antiguidade Clássica trouxe os primeiros registros de mudanças significativas à forma como a humanidade enxergava o mundo ao seu redor. Durante o Renascimento, o humano passou a ter uma nova visão sobre si mesmo, enxergando-se como criador ante a natureza e passando a buscar uma abordagem empírica da ciência, assim como uma descrição matemática da realidade. Em Assim falou Zaratustra, Nietzsche (2014) explicou os passos através dos quais o ser humano pode se tornar um "além-homem" (homos superior), através do processo contínuo de superação. Freud (2012) introduziu a ideia de uma diferenciação funcional a partir do eu como uma forma de adaptação à realidade, onde a renúncia à onipotência infantil e ao delírio de grandeza, característico do narcisismo infantil, possibilitaria o surgimento de um outro ideal e, por consequência, um eu ideal. Segundo Bauman (2007), o ser humano viveria uma constante incerteza a respeito de si mesmo e de sua existência, o que causaria medo, levando-o a sonhar com um mundo regular, previsível, seguro, ideal, utópico. Lévy (1996) traz uma visão sobre a noção de realidade no séc. XXI onde o virtual é inegavelmente real. A análise leva a uma nova perspectiva sobre a virtualidade, enxergando-a como uma realização do ideal utópico que esteve presente desde o cerne da subjetividade humana: seria, afinal, o homem virtual o tal do Übermensch?

Palavras-chave: História da Psicologia Moderna, Realidade, Virtualidade, Semiótica, Subjetividade.

VALENÇA, Silvana Machado. **From reality to virtuality**: "ytilautriv ot ytilaer morf". Scientific Initiation. Laureate International Universities: Centro Universitário das Faculdades Metropolitanas Unidas. SP, 2019.

ABSTRACT

From the classical antiquity of Plato's (2005) ideal world until the post-modern virtual subject Bauman (2007) criticized so much, the notion of what reality is has changed, as the human who experiences it. The current research aims to discuss theoretically the many diverse conceptions of reality along Modern Psychology's history, as its philosophical bases. This reflection shows itself as necessary, since it allows a better comprehension of the relation between the contemporary human and the virtuality, that also builds him; as his differentiation from reality through the "self". The classical antiquity brought the first registers of significative changes on the way humanity saw the world around them. Since Renaissance, the human started to have a new vision of his own being, seeing himself as the creator before nature, looking, then, for an empirical approach of science, as a mathematical description of reality. In Thus Spoke Zarathustra, Nietzsche (2014) explains the steps a man should take towards becoming the "beyond-man" (homos superior), through the transvaluation of all individual values, from willpower and continuous overcoming processes. Freud (2012) introduced the idea of a functional differentiation from the self, as a form of adaptation to reality, where the renunciation of childhood omnipotence and delirium of grandeur characteristic of the child narcissism would make possible the emergence of an ideal other and, as consequence, an ideal self. According to Bauman (2007), the human being would live a constant uncertainty about himself and his own existence, what would cause fear, leading him to dream of a regular, predictable, safe, ideal world. Lévy (1996) brought a vision about the notion of reality in the 21st century, where the virtual is undeniably real. The analysis brings to a new perspective about virtuality, seeing it as a realization of the utopic ideal present since the very beginning of human subjectivity: would the virtual man be that Übermensch, after all?

Keywords: History of Modern Psychology, Reality, Virtuality, Semiotics, Subjectivity.

SUMÁRIO

PREFÁCIO À VERSÃO DIGITAL

Em tempos de crise, sabemos, é necessário se reinventar. Esta reinvenção, no entanto, muitas vezes vem em forma de recomeço e reconexão com prazeres antigos - não necessariamente significa inventar algo novo. Mas aventurar-se pelo universo conhecido pode ser uma experiência completamente inovadora... É um paradoxo.

Escrevo desde sempre e minha relação de amor e ódio com a virtualidade existe desde que a conheço. Quando comecei a escrever esta Iniciação Científica, ainda não sabia ao certo onde toda aquela pesquisa iria me levar... O caminho óbvio seria apresentá-la a uma série de revistas científicas até que alguma delas aceitasse publicar o meu trabalho. Uma experiência completamente nova, o universo desconhecido da Academia sempre me deixou um tanto ansiosa. Mas era o certo a se fazer, não é mesmo?

No entanto, este momento pandêmico trouxe à tona uma angústia que assola muitos, senão todos os trabalhadores autônomos e, em especial, aqueles do ramo da cultura como eu. A angústia de não fazer a menor ideia de como pagar as faturas no final do mês me fez repensar muitas coisas...

Sempre tratei a escrita como um hobbie, uma atividade prazerosa que fazia pela minha própria necessidade de comunicar aquilo que sinto e penso. Adepta de blogs desde que as primeiras plataformas de divulgação e editoração de conteúdos digitais chegaram ao Brasil, minha relação com a escrita sempre foi anárquica. Era algo que fazia por mim mesma e pelo próximo, como eu poderia cobrar por aquilo?

Ao envolver-me com as artes cênicas e circenses, minha relação com a prática do chapéu me fez chegar a novos entendimentos. A compreensão de que aquilo só seria um trabalho, de fato, quando pudesse garantir a minha subsistência, fez com que minha relação com a arte mudasse drasticamente. A não-remuneração faz com que a arte seja limitada a um hobbie (assim como me foi a escrita por tanto tempo), pois faz-se necessário dividir o tempo entre o universo criativo e a já citada angústia capitalista: é preciso pagar os boletos e estes não param de chegar.

Mais ainda, a minha arte gera custos (materiais, estudo, treino e muita pesquisa) e, eventualmente, chegamos à compreensão de que é um trabalho tão trabalhoso e árduo como tantos outros; um trabalho que requer constante dedicação física e mental. E tratar a minha escrita como arte e trabalho foi um desafio que demorei de aceitar e agora, somente agora, em meio à crise, que entendo a importância de valorizar também este aspecto de mim mesma.

* * *

Ao longo de muitos anos, pesquisei intensamente sobre a virtualidade, buscando compreender como se dava essa relação do humano com as máquinas. Vi nascerem as redes sociais, vi a internet se modificar fortemente ao longo do tempo. Quando eu cheguei, "tudo isto aqui era mato", como dizem aqueles que, como eu, chegaram antes da banda larga e das câmeras HD que fazem live stream. Dos gifs coloridos que demoravam mais de um dia inteiro para carregar nas lentíssimas conexões discadas para cá, muita coisa mudou. A internet evoluiu, bem como seus usuários, e entender esse processo sempre me causou uma certa fascinação.

Em 2018, enfim, com a ajuda e orientação da professora Maria Gabriela Pereira, comecei a estruturar tantos pensamentos e conhecimentos na forma de um artigo científico. Sob a perspectiva da Psicologia, ciência que hoje estudo, mas com a visão semiótica de uma lingüista apaixonada, escrevi esta tese ao longo de quase dois anos quando, enfim, a entreguei ao comitê de Iniciação Científica da minha faculdade em 2019. De lá pra cá, tenho tentado driblar a ansiedade de buscar os meios convencionais e recomendáveis para tornar o meu trabalho disponível ao público, mas o processo de publicação é lento, complicado e, infelizmente, traz um retorno tão lento quanto subvalorizado. Ademais, o retorno financeiro é inexistente e, neste momento, é a questão que mais tem me preocupado, por ser aquela que, até então, não imaginava como poderia resolver.

Resiliente que sou, entendi que precisava me readaptar a esta nova realidade: a da clausura e da incerteza. E, pensando cá com meus botões (e, talvez, com certa ajuda e inspiração de meus protetores espirituais), entendi que este era o momento de lançar este trabalho. Não apenas isto, mas que tratando-se de um trabalho como este e com um tema como tal, um livro digital seria a forma mais óbvia, sensata e razoável de lançá-lo.

Espero, caro leitor e querida leitora, que este trabalho te sirva de inspiração para também reinventar-se, caso necessário. Mais que isto, tenho certeza de que servirá para abrir novas perspectivas não apenas àqueles que se interessam pelo tema da virtualidade, mas a todos aqueles que coexistem na sociedade contemporânea. Compreender nossa relação com a virtualidade é necessário e urgente, agora ainda mais que antes.

Convido-os, pois, a ingressar nesta jornada que vem desde o início da relação do humano com própria humanidade e da compreensão sobre o que é real ao longo desta história que nos pertence, da qual fazemos parte e à qual ainda continuaremos escrevendo por muitos séculos.

Sejam bem-vindos ao século XXI, senhoras e senhores! Se sentem confortavelmente, sirvam-se de um pouco de chá e acompanhem-me nesta trajetória. Prometo que será engrandecedora, assim como foi para mim. Mais ainda, peço que não tenham medo, pois o mundo virtual já é nosso velho conhecido. Ele sempre esteve aí e eu posso provar.

E não esqueçam de se manter hidratados, lavar bem as mãos e se alimentar da melhor maneira possível: o show não pode parar!

INTRODUÇÃO

"Existe um domínio da vida que pode ser entendido como vida por excelência: é a vida do cotidiano. É no cotidiano que tudo flui, que as coisas acontecem, que nos sentimos vivos, que sentimos a realidade." (BOCK; FURTADO; TEIXEIRA, 2014, p. 19).

O questionamento sobre o que é real permeou e permeia as comunidades científicas de distintas áreas, em particular aquelas que têm no humano seu objeto de estudo. Desde a Pré-História e a antiguidade clássica do mundo ideal de Platão (2012) até o sujeito virtual Pós-Moderno tão criticado por Bauman (2007) e acolhido por Levy (1996), a noção do que é realidade mudou, assim como o humano que a experiencia.

Ao longo da história, o entendimento do que é realidade sofreu muitas alterações, mas a humanidade não foi capaz de desconsiderar a relevância da subjetividade (individual e, muitas vezes, coletiva) na compreensão do que é esta realidade. Intrinsecamente ligada à percepção semiótica de cada indivíduo, fator primordial que molda e rege o entendimento dessa realidade, aquilo o que é observado e compreendido como real depende diretamente da subjetividade do observador.

Partindo deste questionamento e buscando esquematizar tantas discussões ao longo da história da Psicologia Moderna, suas origens e bases filosóficas, o presente ensaio tem por objetivo analisar e discutir essas diversas concepções de realidade, bem como o advento e eclosão da virtualidade, tão presente nas relações contemporâneas. Hoje, o contato virtual é não apenas corriqueiro, mas, muitas vezes, necessário às relações, sejam pessoais ou profissionais, individual ou coletivamente. Vivenciando cada dia mais intensamente o mundo virtual como parte de sua história, o humano do século XXI elabora nessa virtualidade a construção do papel que irá exercer socialmente. Esta reflexão se faz necessária por permitir a compreensão da relação do humano contemporâneo com a virtualidade, que também o constitui.

DA REALIDADE À VIRTUALIDADE: "EDADILAUTRIV A EDADILAER AD"

I.   *Pré-história:*

> *"Movido (...) pelo desejo de ser um ser extraordinário, o homem construiu um primeiro paradigma capaz de organizar significativamente a natureza, a vida social e seu mundo psíquico." (CARDOSO, 1995, p. 20).*

Na Pré-história, os fenômenos da natureza são atribuídos aos deuses, conferindo à realidade um caráter fantástico que se sobrepõe ao mundano. Cardoso (1995) aponta que, caracterizado por mitos, o conhecimento deste período tem bases paradigmáticas, evidenciando a existência de dois mundos interligados: o real e o sobrenatural (BEHRENS; OLIARI. 2007). A "verdadeira verdade" é um privilégio para poucos e apenas acessível através de ritos para alguns iniciados, que têm o poder de contato com os deuses. Gusdorf (1967) define este período como o estabelecimento da realidade humana através do espaço-tempo, onde as normas e valores vêm de uma esfera superior, tendo o céu e os astros como entidades supremas. Trata-se de um período caracterizado pelos mitos que, conforme definido por Vasconcellos (2002), é uma forma de conhecimento inspirada por esses deuses e sem qualquer preocupação em provar-se (BEHRENS; OLIARI. 2007). Esta cultura acaba por refletir-se em toda a proposição de conhecimento no período, no qual a matemática é apenas uma técnica de enumeração, medida e contagem (VARGAS, 1996).

II. *Antiguidade Clássica*

"Portanto, se pudessem se comunicar uns com os outros, não achas que tomariam por objetos reais as sombras que veriam? (...) E se a parede do fundo da prisão provocasse eco, sempre que um dos transportadores falasse, não julgariam ouvir a sombra que passasse diante deles?" (PLATÃO, 2012, p. 131).

A Antiguidade Clássica traz os primeiros registros de mudanças significativas à forma como a humanidade enxerga o mundo ao seu redor. Neste período, surge o que Gusdorf (1967) define como o diálogo do mithos e do logos e o universo vivido tradicional da cultura grega converte-se em um universo de discurso: nasce uma "filosofia da cultura". O fenômeno humano revela-se, dando início à Era da Teoria do Conhecimento Clássico, onde a verdade é entendida como parte da natureza, em um sistema de causa e efeito cuja busca se dá pela razão (logos). De acordo com Behrens; Oliari (2007), há uma busca pela exclusão do subjetivo, uma negação do mundo sensível e das percepções. Neste sentido, busca-se entender a natureza apenas em sua essência, sem considerar as circunstâncias e o contexto.

Platão (2012) descreve a realidade percebida como um simulacro da realidade em si, onde um indivíduo apenas é capaz de enxergar um recorte, um vislumbre tênue daquilo que é real, de fato, como se observasse a realidade através de sombras projetadas na parede de uma caverna. Ao citar Sócrates utilizando a alegoria da caverna, no entanto, sugere que aquilo que é percebido por um indivíduo é o que ele toma como real, entendendo a realidade como algo diretamente relacionado à subjetividade daquele indivíduo e sendo inevitavelmente alterada pela sua própria percepção. Segundo Platão, o mundo das ideias, das coisas pensadas, é bom, belo e verdadeiro e as ideias podem ter formas geométricas, compreendidas pelo pensamento matemático (dianóia), ou podem ser abarcáveis pelo pensamento dialético (noética). Estas segundas são as ideias das demais coisas, incluindo ideais como beleza, justiça e bondade. A doutrina idealista compreende que tudo aquilo que resta, o mundo das coisas vistas e sentidas, só pode ser objeto de conjecturas, crenças e opiniões (VARGAS, 1996, p. 251).

Platão (2012) questiona a subjetividade, mas não é capaz de desconsiderá-la. Atribuindo a "verdade absoluta" a algo não menos que divino, compara o mundo que nos cerca com a vida na prisão da caverna e a luz da fogueira que a ilumina com a força do Sol, e afirma que apenas Deus é capaz de saber a verdade definitiva, enxergando o caminho do bem como o único possível para atingi-la (sair da caverna). Ao afastar-se das coisas humanas e mundanas, as almas aspirariam sem cessar a instalar-se nas alturas. Do contrário, só lhes restaria os caminhos do Hades, onde seriam expiados os maus atos praticados em vida.

III.   Idade Média

> *"Há um criador que é Deus, o Sumo Bem. O homem é entendido como criatura de Deus. Ele se define na relação com o absoluto. A verdade se acessa pela fé, em especial, na crença a partir das Escrituras Sagradas. A verdade da razão era a verdade da fé. A igreja tinha o monopólio da cultura." (BEHRENS; OLIARI, 2007, p. 56)*

Na Idade Média, a sociedade passa por um período de grave escassez, onde as pessoas buscam na fé um alívio para suas mazelas: fome, doenças, miséria, medo constante da morte. Ao vislumbrar uma possibilidade de redenção na pós-morte, o indivíduo pauta suas ações na busca pela vida eterna, confundindo a realidade palpável com aquela construída pelos ensinamentos cristãos, o que implica uma percepção particular da realidade. Tudo é muito frágil. "Se o mundo fora criado por Deus, por Ele poderia ser destruído, invalidando as leis da natureza" (VARGAS, 1996, p. 249). O pensamento racional é aceito, mas acima dele está a fé. Todos os significados do mundo, em vez de ser constituídos como sistemas estrangeiros entre si, constituem um único campo semântico, cuja decifração exalta uma única e decisiva verdade (GUSDORF, 1967). O conhecimento é visto como iluminação divina e, por consequência, a cultura é um bem pertencente à Igreja, elaborada por clérigos e para clérigos. Segundo Vargas (1996), tais clérigos passam a reinterpretar os princípios da Antiguidade Clássica em termos de um Deus único, eterno, perfeito e verdadeiro, governando uma natureza precária. O escasso interesse por essa natureza restringe muito o desenvolvimento das ciências e a Europa mantém a ideia Clássica da matemática contemplativa às proporções harmoniosas, dedicando-se à arte e, em especial, à música, mas é neste período que as matemáticas florescem no Oriente Médio.

IV.   Renascimento

"*A ciência deveria se restringir aos estudos de propriedades que poderiam ser medidas e quantificadas. Os aspectos como o som, a cor, o sabor, o cheiro, deveriam ser considerados como mera projeção mental ou qualidades secundárias e estariam, portanto, fora da esfera científica.*" *(BEHRENS; OLIARI, 2007, p. 57).*

Durante o Renascimento, o humano passa a enxergar-se como criador ante a natureza, buscando uma abordagem empírica da ciência e uma descrição matemática da realidade (VASCONCELLOS, 2002). Há um aperfeiçoamento da Lógica Clássica, com suas características de identidade, não-contradição e exclusão de um terceiro termo intermediário entre o falso e o verdadeiro. A introdução da matemática árabe, do sistema de numeração hindu e da álgebra na Europa desperta o interesse pela solução de equações algébricas. "Os árabes tinham recebido a matemática no século IX por meio da tradução dos tratados gregos. Agora seus textos em árabe eram traduzidos para o latim" (VARGAS, 1996, pp. 250-253). De acordo com Vargas (1996), o conhecimento faz-se através da experiência e é ela que ensina como a natureza opera. Busca-se compreender o motivo das coisas pois, uma vez que se compreenda a razão de certo fenômeno, tal fenômeno será compreendido.

Em Discurso Sobre o Método, Descartes (2013) traz a máxima "*je pense, donc je suis*" – traduzida para o latim como "*cogito, ergo sum*" e ao português como "penso, logo existo". Após duvidar de todas as coisas, Descartes alcança essa conclusão pois, mesmo duvidando de tudo, não poderia duvidar de que ele mesmo existisse enquanto ser pensante, pelo simples fato de duvidar. Ao tentar negar tudo, acaba-se afirmando a existência do pensamento e, assim, *"cogito ergo sum"* se torna o primeiro princípio firme e indubitável de sua jornada meditativa, onde Descartes compreende o real como aquilo que existe fora da mente ou dentro dela.

Segundo Vasconcellos (2002), se cria um novo padrão de racionalidade centrado na matemática, no qual a natureza é objetivada e reduzida a partes mensuráveis e observáveis. A cultura volta a pertencer ao humano que a produz, que se afirma através desta. Ao conectar-se com a matéria, a nova cultura focaliza-se prioritariamente no homem, que se acredita o criador do cosmo e da natureza e celebra sua liberdade com uma visão de individualidade. É uma iluminação sobre os valores simbólicos medievais. (BEHRENS; OLIARI, 2007). Segundo Gusdorf (1967), esta renovação de significados traz também um novo senso existencial ao humano renascentista e recupera a diversidade histórica e cultural característica da Renascença. Um reencontro com a sabedoria Antiga, esta Era vem como um alívio aos tempos obscuros que a precedem (GUSDORF, 1967).

V.   Idade Moderna

> *"Noutros tempos, blasfemar contra Deus era a maior das blasfêmias; mas Deus morreu, e com ele morreram tais blasfêmias. Agora, o mais espantoso é blasfemar da terra, e ter em maior conta as entranhas do impenetrável do que o sentido da terra." (NIETZSCHE, F. 2014, p. 3)*

A cultura Moderna desponta do Renascimento e, com ela, o período em que o conhecimento passa a ser aceito apenas a partir da certeza total, absoluta e inquestionável. Fundamentada pelo pensamento cartesiano e caracterizada pelo que é descrito por Nietzsche (2014) como "a morte de Deus", a Idade Moderna consolida o próprio Homem como o centro do universo, em um modelo de ciência onde seu bem-estar depende do controle obtido por ele sobre a natureza. Para controlá-la, no entanto, seria necessário conhecê-la através de um método que possibilitasse encontrar os fatos, que deveriam ser cuidadosamente observados e minuciosamente descritos. A natureza então é objetivada e reduzida a partes mensuráreis e observáveis e as leis que governam este novo padrão de racionalidade são as da linguagem dos números e da medição (BEHRENS; OLIARI. 2007). Segundo Vargas (1996), é neste período que Newton mostra que qualquer fenômeno físico observado empiricamente pode ser descrito matematicamente, correspondendo exatamente a um modelo deduzido de axiomas pré-estabelecidos como verdadeiros (espaço, tempo, massa e força). O homem toma para si o direito de transformar, explorar, escravizar e servir-se da natureza, de forma que o universo material e os seres vivos passam a ser enxergados como máquinas, com funcionamento e engrenagens perfeitos, sendo governados por leis matemáticas precisas (CAPRA, 1996). Da mesma maneira, há a redução das ideias às suas peças componentes, que podem ser remontadas para formar novamente a máquina complexa, perfeita, funcional. O método analítico é interpretado como a única abordagem válida para o conhecimento, buscando valorizar os aspectos externos das experiências e ignorar as vivências internas do indivíduo (VASCONCELLOS, 2002). Há uma visão dualista do universo, que segue a lógica racionalista e nega o sagrado e a subjetividade. A redução dos fenômenos às partes que os constituem ocasiona múltiplas fragmentações na visão de mundo: material e espiritual, corpo e mente, objetivo e subjetivo, ciência e fé (VASCONCELLOS, 2002).

No entanto, por mais que haja esse afastamento da subjetividade no período, ela ainda é reconhecida. A negação máxima da subjetividade mundana é o que leva a um ideal de Homem a ser perseguido, como descrito por Nietzsche (2014), onde através da transvaloração de todos os valores do indivíduo, da vontade de potência e do processo contínuo de superação, é possível atingir esse estado de além-homem, livre de quaisquer limitações, ao qual chama de *Übermensch* (*homos superior*). Atribuindo à civilização de seu tempo a árdua tarefa de preparar a chegada do *Übermensch*, Nietzsche (2014) afirma que os que desprezam o corpo desprezam aquilo a que devem a sua estima, pois o corpo criador criou a si mesmo e o espírito como emanação da sua vontade, onde seu maior desejo é criar superando-se a si mesmo. Apesar de enxergar a metafísica cristã como uma fuga da realidade, o conceito proposto por Nietzsche também denota uma busca por tornar-se um ser ideal, fantástico, subjetivo.

Assim como Nietzsche (2013), o pensamento cognitivista de Locke nega a existência de ideias inatas proposta por Descartes (2013), alegando que tudo é adquirido por meio da experiência. Para Locke, a experiência pode ser derivada da sensação (estimulação sensorial direta causada pelo ambiente) ou da reflexão acerca dessas sensações na mente, gerando assim as ideias. Estas podem ser ideias simples (irredutíveis) ou complexas (redutíveis a ideias simples). Abstrações produzidas pela reflexão, as ideias complexas baseiam-se em ideias já experimentadas pelos sentidos, portanto é necessário haver antes um reservatório de impressões sensoriais, para que então a mente seja capaz de refletir, recordar-se dessas sensações passadas (ideias simples) e as combinar para formar ideias complexas, pensamento este que marca o começo da teoria da associação, núcleo da insurgente psicologia científica (BEHRENS; OLIARI. 2007). Sob a noção de qualidades primárias e secundárias aplicadas às ideias simples, Locke compreende que qualidades como o tamanho e a dimensão de um objeto existem quer sejam percebidas ou não – às quais chama qualidades primárias; mas qualidades como cor, som, odor ou gosto, no entanto, não existem no objeto e dependem da pessoa que as percebem (subjetivas), chamando estas qualidades de secundárias. Ao estabelecer essa distinção, Locke reconhece o caráter subjetivo de quase todas as percepções de mundo (SCHULTZ; SCHULTZ, 2017). De acordo com Fukushima (1990; 2001), no entanto, até mesmo qualidades como tamanho e dimensão são percebidas de forma relativa, estando esta percepção condicionada a questões fisiológicas e geográficas de cada indivíduo, e, acima de tudo, sua subjetividade.

De acordo com Schultz; Schultz (2017), Berkeley compreende a percepção como a única realidade de que podemos estar certos. Não é possível conhecer com absoluta certeza a natureza dos objetos, restando apenas saber como esses objetos são percebidos e, sendo subjetiva, a percepção não reflete o mundo externo. O mundo experimentado é, para Berkeley, a soma das sensações e não existe substância material sobre a qual ter certezas, pois se retira-se a percepção, a qualidade desaparece. Não pode haver cor sem a percepção da cor, ou forma sem a percepção da forma, portanto é impossível conhecer com certeza a natureza física dos objetos. Esta posição foi, posteriormente, denominada mentalismo, denotando sua ênfase em fenômenos puramente mentais, onde a percepção é a única realidade de que se pode ter certeza (SCHULTZ; SCHULTZ, 2017).

Em outro campo da ciência, o da Linguística, Saussure

(2006) aplica o pensamento dualista (binário) cartesiano na busca pela compreensão da estrutura da linguagem como um sistema em um ponto específico do tempo (recorte sincrônico), particionando também a linguagem e dando origem à Semiologia. Compreendida como um produto social, a Língua (*langue*) existe de forma homogênea na mente de cada falante de uma comunidade, mas a Fala (*parole*) é um ato individual e está sujeita a fatores externos. Ambas são signos linguísticos, dotados de valor e constituídos por uma combinação de significante (a forma; imagem acústica, cadeia de sons, combinação de letras) e significado (o conceito; reside no plano do conteúdo). Porém, um termo só passa a ter valor a partir do momento em que ele se contrasta com outro: um signo é aquilo que os outros signos não são. O que os caracteriza não é sua qualidade própria e positiva, mas sim o fato de não se confundirem entre si.

É a mesma lógica de sim e não que dá origem ao código binário criado por Francis Bacon (1561-1626) e desenvolvido mais adiante por Leibnitz, que instaura a lógica formal e estipula os conceitos verdadeiro/falso, ligado/desligado, válido/inválido. A partir dos cartões perfurados do tear mecânico de Jacquard, em 1801, surge o que possivelmente se caracteriza como a primeira máquina programável (CAPOBIANCO; CURY, 2011).

VI.   Fisiologia

"(...) Se fico olhando para alguma coisa e depois fecho os olhos, continuo a vê-la com tanta nitidez que quase duvido de que os fechei." (SACKS, 2010, p. 163)

Ao longo do séc. XIX, descobre-se que o corpo humano reage ao olhar de acordo com seu próprio funcionamento. O corpo surge como instrumento essencial para o entendimento do que é real e compreende-se que a visão é formada pelo cérebro (RAMOS; 2006). É no início dos anos 1830 que, segundo Sacks (2010), um jovem médico de nome Charles Wheatstone cria o estereoscópio, que possibilita a compreensão de como as imagens são formadas no cérebro humano. O experimento consistia em pares de desenhos de um objeto sólido, visto das perspectivas ligeiramente diferentes de cada olho, e um instrumento que assegurava que cada olho visse apenas seu próprio desenho. Uma vez que se olhava pelo estereoscópio, os dois planos fundiam-se em um único desenho tridimensional projetado no espaço, onde era possível ver monumentos e grandes paisagens naturais como as cataratas do Niágara ou os Alpes. As imagens eram formadas com tal verossimilhança que os observadores chegaram a relatar a sensação de pairar sobre as cenas reais, o que levou Wheatstone à suspeita de que, embora o cérebro fundisse essas imagens de algum modo automático e inconsciente, as discrepâncias entre as duas imagens retinianas eram, na verdade, cruciais para a misteriosa habilidade que o cérebro tem de gerar a sensação de profundidade.

Segundo Ramos (2006), o estímulo luminoso é recebido

através de sinais elétricos que são convertidos seletivamente pelos olhos, sendo depurados até gerar uma impressão visual única. Como cada olho percebe a imagem de um ângulo diferente, o cérebro acaba recebendo duas imagens discretamente díspares que, quando unidas em uma única impressão visual, geram um efeito tridimensional. Chamada de binocularidade, a capacidade de superposição de imagens é o que dá aos humanos a habilidade de perceber a profundidade dos objetos no campo visual, mas quando as informações fornecidas por cada olho são conflitantes entre si (quando há um desalinhamento dos eixos visuais, por exemplo), há um impedimento para que as imagens se fundam, obrigando o cérebro a "escolher" uma das imagens, desprezando a outra (RAMOS, 2006).

A percepção que um indivíduo tem do mundo ao seu redor é, em grande parte, autoproduzida, pois este enxerga o mundo de acordo com a maneira como o próprio cérebro o organiza (LEIBOWITZ; BRISLIN; PERLMUTRER & HENNESSY, 1969). Surgidas da discrepância entre duas soluções perceptivas distintas a partir de um mesmo objeto, as ilusões cognitivas são uma reorganização feita pelos mecanismos de percepção. Há uma grande participação das expectativas do observador no processo perceptivo, pois grande parte daquilo que é percebido cotidianamente é uma construção ativa do sistema nervoso sob a influência direta de emoções, sentimentos e estado de espírito, gerando assim ilusões de forma, profundidade, cor e movimento (RAMOS, 2006).

VII.　　Pioneiros (da psicologia)

Tendo a consciência como objeto de estudo, a psicologia de Wundt baseia-se no empirismo e no associacionismo do século XIX na busca por reduzir também a mente a partes menores, a fim de compreendê-las. Parte ativa na organização do seu próprio conteúdo, a consciência é compreendida a partir do sistema que Wundt denomina voluntarismo – volição, capacidade de desejar, o poder que a vontade tem de organizar os conteúdos em processos de pensamento de nível superior. No entanto, diferente dos empiristas e associacionistas britânicos, Wundt não foca nos elementos em si, mas no processo de sintetizar e organizá-los ativamente, pois, para ele, o estudo isolado dos elementos do conteúdo ou da estrutura da consciência só dá um vislumbre da compreensão dos processos psicológicos. Com a publicação dos Elementos de Psicologia Fisiológica em 1874, Wundt rompe definitivamente com o dualismo mente e corpo, sob argumento de que estes estão sempre diretamente inter-relacionados (SCHULTZ; SCHULTZ, 2017).

Contemporâneo de Wundt, o trabalho de William James arremata essa conclusão. Em seu curso "As Relações entre a Fisiologia e a Psicologia" (Harvard, ano acadêmico 1875-1876), levando a nova psicologia experimental ao novo mundo. Baseado nos ensaios sobre o livre-arbítrio do filósofo Charles Renouvier, James crê que é possível curar-se pelo poder da vontade (SCHULTZ; SCHULTZ, 2017). É nesta segunda fase da Modernidade que, por meio de testes quantificadores matemáticos, busca-se a compreensão da pessoa, de sua personalidade e inteligência. É neste período também que a Psicologia se separa da Filosofia e torna-se ciência, dando início a várias teorias psicológicas. Com a tentativa de explicação do comportamento humano no enquadro da simplificação de "causa e efeito", surge a Teoria

Comportamental (BEHRENS; OLIARI. 2007).

VIII. Forças Comportamental

A partir das propostas de Pavlov e Watson, a realidade deixa de ser questionada pois esta existe independentemente do indivíduo que a percebe. Ao compreender o papel do sujeito como absolutamente passivo diante dos estímulos do ambiente, o organismo é um mero percebedor da realidade ao seu redor e toda a percepção tem como resultado uma "cópia mental" do ambiente. Conhecida como "teoria da cópia" ou "teoria da representação mental", esta teoria compreende a realidade como absoluta, mas inacessível. A "verdadeira realidade" não é diretamente conhecida pelo indivíduo, pois existe a mediação por parte da cópia (LOPES; ABIB, 2002, p. 130). Elaborando um pouco mais essa teoria, Skinner afirma que o sujeito executa, sim, um papel ativo na percepção, onde não é apenas um "percebedor", mas um sujeito que "captura" percepções e "toma posse delas", o que inclui variáveis emocionais e motivacionais. A percepção é o elo entre o mundo físico e mental, onde uma "cópia mental" – experiência, ideia ou representação – é "percebida" pela consciência (considerada um órgão interno de percepção), onde encontra variáveis determinantes e, muitas vezes, privadas, compreendendo que tudo aquilo que afeta o organismo é realidade para ele (LOPES; ABIB, 2002).

Psicanálise

> *"O homem enérgico e vencedor é aquele que pelo próprio esforço consegue transformar em realidade seus castelos no ar. Quando esse resultado não é atingido, seja por oposição do mundo exterior, seja por fraqueza do indivíduo, este se desprende da realidade, recolhendo-se aonde pode gozar, isto é, ao seu mundo de fantasia, cujo conteúdo, no caso de moléstia, se transforma em sintoma." (FREUD, S. 1996, p. 33.)*

Freud (2012) entende o eu como um eu corporal, uma projeção mental da superfície do corpo, cujo papel consiste em substituir o princípio do prazer pelo princípio da realidade. Encontrando-se no cerne do sistema perceptivo, o eu é responsável pela recepção dos traços mnêmicos deixados pelas palavras, onde, ajudado pelo super-eu, participa da censura como uma forma de adaptação à realidade. Fundador da psicanálise, Freud (1980) demonstra o quanto a realidade é claudicante para o homem e quanto sua existência e integridade são tão frágeis quanto subjetivas. Dividindo a realidade entre a realidade psíquica, constituída por uma trama de fantasias e desejos que a tornam mais forte e decisiva, e a realidade material/externa (esta, muitas vezes oposta à primeira), postula que é preciso que se admita que não são os fatos em si que contam, mas sim a maneira como foram percebidos e lembrados. A partir da renúncia à onipotência e ao delírio de grandeza característicos do narcisismo infantil, surge o processo de identificação e modelo de referência do Eu e é essa renúncia que possibilita o surgimento de um outro ideal e, por consequência, um eu ideal, levando à transformação do eu segundo o modelo do outro. O eu ideal seria a parte do isso que foi afetada pelo mundo externo por intermédio do sistema percepção-consciência, substituto do narcisismo perdido e produto da identificação com as figuras parentais (ROUDINESCO; PLON, 1998, p. 376). A fim de suportar o desgosto da vida em sociedade e a frustração constante de seus desejos, o homem então refugia-se na fantasia e busca medidas paliativas, que funcionam como satisfações substitutivas para amenizar essa realidade, a exemplo da arte, da religião ou do uso de substâncias tóxicas (FREUD, 1980, p. 8). Segundo Freud, o próprio eu é uma construção psíquica advinda de uma percepção subjetiva e a constituição desse eu ideal é não apenas natural, como necessária à suportabilidade da vida em sociedade. O caminho do Übermensch parece inevitável.

Fenomenologia

onsiderada um grande avanço em relação ao sujeito metafísico, a Fenomenologia rompe com o conceito de um ser independente de sua relação com o espaço-tempo, entendendo o Dasein não como um ente condicionado pelo ambiente, mas como produto de todas as relações psicossociais vigentes. Marcado pelo caráter de poder-ser, o ser-aí influencia e é influenciado por tudo aquilo que o permeia e assume comportamentos a partir de orientações que recebe de seu mundo circundante. Imerso em um mundo fatídico e cristalizado, o Dasein é marcado por uma indeterminação originária (ONG, 2015 pp. 48-52). O ser-aí parte da angústia da nadidade e, através da sua relação com o tempo e o mundo, pode-ser tudo.

Para Peirce (1931), o universo é composto de signos, cujos significados dependem parcialmente daqueles que os interpretam. Fenômeno é tudo aquilo que aparece e, por consequência, é percebido, e cada ser percebe um fenômeno de uma forma diferente, única, e que jamais será experimentada por outro. A fenomenologia busca compreender as circunstâncias e o contexto, não compreendendo a natureza apenas em sua essência, mas em todas as suas relações. Acima de tudo, descreve o fenômeno como ele aparece, encontrando assim algumas categorias universais, como o signo. A semiótica nasce no coração da fenomenologia, constituindo-se em conjuntos altamente interconectados de ideias distintivas para o estudo de qualquer fenômeno como signo (Santaella, 1999, p. 89).

Dessa concepção, nasce também a Gestalt, a priori como linha filosófica e, posteriormente, como Gestalt Terapia. Desenvolvida pelo neurologista e psiquiatra alemão Fritz Perls (1893-1970), busca compreender, através da observação dos padrões de comportamento visual, a relação do humano com as formas (*Gestalten*) e como o cérebro as percebe, pois para compreender as partes de uma forma é necessário, antes, entender o todo que a envolve e a compõe (ENGELMANN, 2002).

Psicologia Contemporânea

A reconexão mente-corpo toma ainda mais fôlego com a chegada do século XX. A física evolui para o nível subatômico, acessando sistemas físicos cujas dimensões são próximas ou abaixo da escala atômica, tais como moléculas, átomos, elétrons e prótons. Segundo Vargas (1996), as primeiras experiências sobre a propagação das ondas eletromagnéticas são realizadas por Hertz por volta de 1885 e o estudo da capacidade de reflexão e difração de raios luminosos em relação a certos objetos evolui bastante neste período. Em 1900, Max Planck encontra, enfim, uma forma matemática de descrever o funcionamento dessas micropartículas: é a teoria quântica, mal interpretada e incompreendida por muitos. Dentre as postulações da mecânica quântica, surge a dualidade onda-partícula que, a grosso modo, consiste na capacidade dos entes físicos subatômicos de se comportarem ou terem propriedades tanto de partículas como de ondas (EISBERG, 1979). A partir daí há um notável progresso da tecnologia, verificando-se o sucesso da utilização de teorias científicas na solução de problemas técnicos. Do eletromagnetismo, pelas aplicações e simplificações das equações de Maxwell, aparecem as soluções para os problemas de eletrotécnica e, mais tarde, de eletrônica. O sucesso da matematização dos problemas tecnológicos relacionados com a física leva às tentativas de formulação matemática de teorias da natureza não-formalizada (VARGAS, 1996). Em 1909, Nikola Tesla desenvolve o primeiro conceito de combinação de telefonia com computação (PETKOVIĆ, 2016).

A compreensão de um "corpo imaterial" vem da interpretação de que a matéria é, na verdade, uma forma de vibração de onda e o corpo é um campo de energia dinâmica e pulsante. A partir desta concepção e dos estudos de Reich,

Lowen desenvolve a técnica corporal que chama de bioenergética, que tem por função terapêutica reconectar o indivíduo com suas emoções através do seu corpo. Ao que concerne esta linha, dentro do ser material existe o que poderia ser denominado de "corpo mecânico quântico", entendido como processo, energia e inteligência puros, onde pode haver suficiência ou insuficiência de energia. A estrutura aparentemente material do corpo é vista como pura energia, compreendendo que o pensamento e a matéria são essencialmente semelhantes, pois os pensamentos são eventos quânticos, vibrações sutis do campo, influenciando profundamente todas as funções do corpo. Para restabelecer essa conexão, a bioenergética utiliza-se de exercícios e toques corporais a fim de estimular a expressão dos sentimentos do paciente, visando desfazer os seus bloqueios físico-emocionais. Tais bloqueios têm origem na própria formação do caráter, que depende da maneira como o sujeito dá uma resolução para uma situação enfrentada, no jeito particular de lidar com e funcionar em situações que venham a reproduzir os sentimentos daquele primeiro momento, onde houve um trauma (CRUZ, 2015).

Discípulo renegado de Freud, Reich (1986) parte da concepção psicanalítica acerca de mecanismos de defesa como a conversão histérica, respostas defensivas contra a angústia que preservam o ego das exigências internas e externas. Para Reich, isto é algo constitucional e não fruto de uma fixação neurótica, pois os mecanismos de defesa utilizam-se da energia disponível para obter tranquilidade – e não prazer, como postulara Freud. Independentemente de seu conteúdo, os mecanismos de defesa passam a ser preponderantes e há uma perda na capacidade de usufruto da vida, ao que denomina de encouraçamento. Reich (1986) afirma que a formação do caráter é restritiva da mobilidade do psiquismo como um todo e consiste numa mudança crônica do ego, que poderia se descrever como um enrijecimento, uma tendência à cristalização na maneira de funcionar e a respostas automáticas; um investimento energético em conter o fluxo, em permanecer estático para não sofrer, para evitar a dor e o desprazer. O enrijecimento no psiquismo corresponde a um enrijecimento no corpo, pois ao reprimir as emoções, cria-se tensões na musculatura e a partir do momento em que essas respostas são usadas com sucesso, se cronificam. O corpo não perde a estrutura defensiva, mesmo que não esteja ameaçado e as tensões crônicas enrijecem o corpo que, assim como está defendido de ser atacado, está defendido de sentir prazer. A rigidez da couraça diminui a amplitude das sensações e, pouco a pouco, bloqueia funções emocionais essenciais como amor, poder, sexualidade, alegria, prazer e relaxamento, demandando muita energia do sistema vital, gerando a automação chamada de comportamento rígido, inflexível e sem possibilidade de estabelecer o novo, apenas reproduzindo uma forma padronizada de comportamento (SOARES, 2017).

A medicina psicossomática se estabelece a partir do estudo clínico e experimental sistemático dessa interação entre mente e corpo, buscando elucidar os efeitos de fatores sociais e psicológicos sobre os processos orgânicos e o bem-estar das pessoas, através da interdisciplinaridade entre profissionais de saúde, como médicos, fisioterapeutas e psicólogos (MELLO FILHO, 1992; 2005).

IX.   Pós-Modernidade

"Deus está morto, Marx também e eu não estou me sentindo muito bem." (SANTOS, 1987, p. 7)

A Modernidade Líquida de Bauman (2007) é o período no qual informações e relações rapidamente perdem a validade e são jogadas fora, notícias tornam-se datadas antes mesmo que possam ter sido digeridas, aquilo que incomoda é banido, deletado, bloqueado, e a constante incerteza a respeito de si mesmo e de sua existência causa medo ao indivíduo, levando-o a sonhar com um mundo regular, previsível, seguro, ideal. No entanto, tal mundo utópico, limpo da insegurança e dos medos sem fundamento, é uma não-adequação à realidade vivida, uma fuga, como uma "falsa lebre em uma corrida de cães: ferozmente perseguida, mas nunca alcançada" (BAUMAN, 2007, p. 101). Bauman não enxerga a utopia como a possibilidade de verificar o que está errado no mundo e descobrir como substituir suas partes disfuncionais a partir das ferramentas necessárias para enxertar esses projetos na realidade humana; não vê esse ideal como uma ignição para o progresso (sem o qual, segundo Sir Thomas Moore, ainda habitaríamos em cavernas). Mais ainda, enxerga as relações virtuais como rasas, superficiais, e afirma que o indivíduo contemporâneo se sente atraído exatamente por essa volatilidade, pela facilidade de livrar-se de pessoas, ambientes e situações com a facilidade de um clique (BISPO, 2015). Ao diferenciar "redes" de "comunidades", no entanto, Bauman não parece compreender a relação íntima que o humano do século XXI tem com essa virtualidade. Ao postular que redes não são comunidades e diferenciá-las através do fato de que "não se nasce na rede", Bauman ignora as novas gerações, inseridas na virtualidade desde sua mais tenra concepção de mundo, onde a persona que será formada influencia e é influenciada por essa virtualidade em toda a sua formação. Desconsidera também as novas réguas do mundo virtual pós-moderno, onde as distâncias são encurtadas e as medidas de tempo distorcidas: reencontrar-se com pessoas do passado também está a um clique de distância, como um grupo de amigos da escola que se adiciona repentinamente ou a facilidade de encontrar informações sobre qualquer pessoa através dos principais mecanismos de busca. Os fantasmas do passado, agora em rede, são fortalecidos por outros fantasmas semelhantes, e isto se dá tanto de maneira positiva, como negativa. Igualzinho na "vida real".

Ao defender que o mundo digital faz absolutamente parte da realidade, Lévy (2013) elucida que se os corpos vivos humanos são sempre absolutamente físicos e absolutamente reais, as telas são absolutamente físicas e absolutamente reais, os computadores são absolutamente reais, os códigos são zeros e uns que estão em uma memória que é absolutamente física e absolutamente real, então não há o que não seja real nessa experiência. O virtual existe inegavelmente e não se trata de modo algum de um mundo falso ou imaginário, mas sim uma dinâmica que segue a mesma fundamentação do mundo comum, através da qual compartilhamos uma realidade (LÉVY, 1996, p. 148). Esta realidade é suscetível à significação, única parcela imaterial da virtualidade, assim como qualquer outra experiência existente no mundo material. Lévy (2013) compreende que o mundo da significação não começa com os computadores, mas sim com a linguagem, na qual há o aspecto físico (a forma, a realidade física) e a informação semântica (a significação) que damos a tais formas – este é o verdadeiro mundo virtual. E é através da virtualização que a espécie humana se constrói, pela composição de ideias, de "maneiras" originais, no desenvolvimento de modos e sistemas de ação, e desde o começo da humanidade vivemos nesse mundo abstrato, nesse mundo virtual da significação (LÉVY, 1996, pp.

135-136). Toda relação humana é um sistema de signos e o significado desses signos depende diretamente da interpretação do interlocutor. Mesmo um signo arbitrário como a palavra "árvore", na imaginação de quem a lê ou escuta pode remeter a uma bétula, uma figueira ou mesmo a uma ilustração. Esse universo subjetivo está sujeito às escolhas e experiências daquele que o percebe, pois a realidade é construída a partir do que aquele aceita como real e de como interpreta o contexto com o qual se relaciona (PEREIRA, 2013). Segundo Lévy (2013), o que os computadores fazem é que eles são capazes de manipular de maneira automática os signos da linguagem, mas a abstração do virtual é o conceito e, para tal, não é necessário utilizar um computador. Afirmar o contrário seria o mesmo que dizer que a mente e a subjetividade só passaram a existir depois da invenção dos computadores, assim como a imaginação, a memória, o conhecimento ou a fé. O mundo virtual está *aí* e o *ser* contemporâneo, definitivamente, relaciona-se com ele. Mais que isso, a plena abordagem retórica da informática descobre nela um espaço de produção e circulação de signos, com novas regras e critérios de avaliação. "Nossa espécie lançou-se sem retorno nesse novo espaço informacional. A questão, portanto, não é avaliar sua 'utilidade', mas determinar em que direção prosseguir em um processo de criação cultural irreversível." (LÉVY, 1996, pp. 85-86).

CONCLUSÃO

"A invenção dos computadores, por exemplo, trouxe e trará mudanças em nossas formas de pensamento, em nossa inteligência, e a Psicologia precisará absorver essas transformações em seu quadro teórico." (BOCK; FURTADO; TEIXEIRA, 2014, p. 32)

D o código criado por Bacon aos smartphones globalmente conectados nas redes sociais, a tecnologia sempre tentou acompanhar o desenvolvimento da compreensão da subjetividade humana. O estereoscópio de Wheatstone permitiu a criação dos primeiros simuladores de vôo pela Força Aérea dos Estados Unidos em 1950, que evoluíram ao longo dos anos para câmeras remotas, capacetes com monitores e luvas digitais ainda na década de 80, popularizando o conceito de "realidade virtual", mesma época em que surgem os primeiros dispositivos portáteis de processamento de dados (PDAs). Na década de 90, a realidade virtual chega ao mundo dos jogos que, assim como os microcomputadores, tornam-se populares (Wikipedia). É nos anos 2000 que surgem jogos como The Sims ou Second Life, em um primeiro momento simulando uma vida ordinária e mundana e, com o passar dos anos, oferecendo novas versões com particularidades e atributos cada vez mais fantásticos, como alternativas à vida ordinária e mundana, sem as angústias e frustrações que estes mesmos jogos simulavam inicialmente. Com uma forte sensação de presença tridimensional e envolvendo múltiplos usuários em um ambiente compartilhado, é possível interagir com outras presenças sem limitações físicas ou sociais. É a mesma lei que rege redes como Instagram, Facebook ou Twitter, com milhões de usuários conectados simultânea e corriqueiramente a um ambiente tão controlável quanto auspicioso, sedutor e ilusório – a mesma abstração pretendida desde sempre através da literatura, das artes cênicas, radionovelas ou quaisquer formas de fantasia e jogos de interpretação de papéis. Mais que isto, o sujeito virtual é um papel social como qualquer outro: homem, mulher, marido, esposa, filho, cidadão...

As redes sociais criaram uma nova dinâmica para os relacionamentos e o contato virtual é a maneira mais efetiva de interação para os seres pós-modernos, seja num âmbito pessoal ou profissional. Podemos atribuir à virtualidade uma centena de problemas e defeitos, mas ela é, indiscutivelmente, real. Tudo aconteceu muito rápido e o ponto aqui não é mais questionar a validade desta nova realidade, mas sim compreender a sua função dentro da percepção do indivíduo. Numa cultura que tende a ser homogeneizada, com comportamentos que tendem a ser padronizados no intuito de obter a aprovação do coletivo (SANTAELLA, 2003), slogans como o da recente campanha do YouTube devem ser levados mais a sério: "novos tempos, novos ídolos".

A presença virtual é como um clone, uma marionete, um agente visível. O "avatar" é comandado por nossos gestos e pode afetar ou modificar outras presenças igualmente reais, humanos ou objetos, e agir no mundo físico, ordinário, pois as funções do corpo são transferidas à distância, ao longo de uma cadeia técnica complexa e cada vez mais bem controlada (LÉVY, 1996, p. 29). Ocorre uma "dessubstancialização" do corpo, o qual se multiplica, se expande e adquire novas velocidades, conquista novos espaços e reverte a alteridade biológica em subjetividade concreta (LÉVY, 1996, p. 33). Voltando o olhar mais uma vez a Freud (2011), podemos compreender a projeção virtual como mais uma forma de manifestação do eu. Mais ainda, tal projeção, uma vez livre de limitações físicas e, muitas vezes sociais, é o mais próximo do Eu Ideal a que Freud se referia, em seus estudos pautados também por Nietzsche (2014). Tendemos, em todas as épocas, a projetar nosso modo de vida sobre outras formas de existência se quisermos entendê-las. A realidade sempre esteve interligada, antes de mais nada, com o que um quer ser (ideal). E é através desse *hipercorpo* virtual que o humano contemporâneo encontra o alívio à angústia mencionada por Freud (1980), em busca daquilo que Nietzsche (2014) entende como superação. O homem virtual é o *Übermensch*.

REFERÊNCIAS BIBLIOGRÁFICAS

BAUMAN, Z.. **Tempos líquidos.** RJ: Zahar, 2007.

BEHRENS, M.A.; OLIARI, A.L.T. **A evolução dos paradigmas na educação**: do pensamento científico tradicional à complexidade. Diálogo Educ. Vol. 7. Nº 22. Curitiba. Set-Dez, 2007. Pp 53-66. Disponível em https://periodicos.pucpr.br/index.php/dialogoeducacional/article/view/4156/4072. Acesso em: 07 Set 2019.

BISPO, F. **O mundo pós moderno e o mal estar na civilização**. 8m31s. 2015. Disponível em: <https://www.youtube.com/watch?v=I_VJFr0Ale8&feature=youtu.be>. Acesso em: 06 Set 2019.

BOCK, A. M. B.; FURTADO, O.; TEIXEIRA, M. L. T. **Psicologias**. Uma introdução ao estudo de psicologia. 14ª ed. São Paulo: Saraiva: 2014.

BUCHER, J. S. N. F. **Pensamento sistêmico**: o novo paradigma da ciência. Rev. Mal-Estar Subj., Fortaleza , v. 3, n. 1, p. 209-212, mar. 2003. Disponível em: <http://pepsic.bvsalud.org/scielo.php?script=sci_arttext&pid=S1518-61482003000100013&lng=pt&nrm=iso>. Acesso em: 15 Mai 2019.

CAPOBIANCO, L.; CURY, L. **Princípios da História das Tecnologias da Informação e Comunicação Grandes Invenções**. USP, SP. 2011. Disponível em: <http://www3.eca.usp.br/sites/default/files/form/cpedagogica/Capobianco-Princpios_da_Histria_das_Tecnologias_da_Informao_e_Comunicao__Grandes_Histrias_Principles_of_ICT_History.pdf>. Acesso em: 06 Set 2019.

CAPRA, F. **A teia da vida:** uma nova compreensão científica dos sistemas vivos. São Paulo: Cultrix, 1996.

CARDOSO, C.. **A canção da inteireza**: uma visão holística da educação. São Paulo: Summus, 1995.

CRUZ, G. A. do C. **Bioenergia, Energia Humana e Possíveis Utilizações para o Bem-Estar e Saúde das Pessoas**. Psicologado. Edição 07/2015. Disponível em <https://psicologado.com.br/abordagens/bioenergetica/bioenergia-energia-humana-e-possiveis-utilizacoes-para-o-bem-estar-e-saude-das-pessoas>. Acesso em: 22 ago. 2019.

DESCARTES, R. **Discurso do Método**. Porto Alegre: L&PM. 2013

EISBERG, R. **Física Quântica**. Átomos, Moléculas, Sólidos, Núcleos e partículas. Rio de Janeiro: Campus. 1979.

ENGELMANN, A. **A psicologia da gestalt e a ciência empírica contemporânea**. Psic.: Teor. e Pesq., Brasília , v. 18, n. 1, p. 1-16, abr. 2002. Disponível em: <http://www.scielo.br/scielo.php?script=sci_arttext&pid=S0102-37722002000100002&lng=es&nrm=iso>. Acesso em> 21 Ago 2019. <http://dx.doi.org/10.1590/S0102-37722002000100002>.

FREUD S. **Cinco lições de psicanálise (1910 [1909])**. Obras psicológicas completas de Sigmund Freud. Ed. Standard Brasileira. Rio de Janeiro: Imago. 1996.

FREUD, S. **Luto e melancolia**. SP: Cosac Naify, 2012.

FREUD, S. **O eu e o id. "autobiografia" e outros textos (1923-1925).** SP: Cia das Letras, 2011.

FREUD, S. **O mal-estar na civilização (1930)**. Rio de Janeiro, Imago, 1980. (Edição Standard Brasileira das Obras Psicológicas Completas, v. 21).

FUKUSHIMA, S. S.; TORRO-ALVES, N. **Gradientes de Textura com Linhas de Perspectiva e Horizonte Amplificam a Superestimação de Tamanho Relativo em Espaços Pictóricos**. Universidade de São Paulo, Ribeirão Preto, Brasil. 2001. Disponível em: <http://www.scielo.br/pdf/prc/v20n1/a06v20n1>. Acesso em: 07 Set 2019.

FUKUSIMA, Sergio Sheiji; SILVA, José Aparecido da; RIBEIRO FILHO, Nilton Pinto. **Percepção de tamanho e distância de objetos familiares**: em direção a uma teoria bifatorial. Arquivos Brasileiros de Psicologia, Rio de Janeiro, v. 42, n. 2, p. 3-25, mai. 1990. ISSN 0100-8692. Disponível em: <http://bibliotecadigital.fgv.br/ojs/index.php/abp/article/view/21744/20497>. Acesso em: 20 Ago. 2019.

GUSDORF, G. **Les origines des sciences humaines**. Paris: Gaillimard, 1967.

LEIBOWITZ, H., BRISLIN, R., PERLMUTRER, L., & HENNESSY, R. **Ponzo perspective illusion as a manifestation of space perception**. Science,166 (3909), 1174-1176. 1969. Disponível em: <https://www.ncbi.nlm.nih.gov/pubmed/17775578>. Acesso em: 06 Set 2019.

LÉVY, P. Fronteiras do Pensamento. **Pierre Lévy - O que é o virtual?**. 2m54s. 2013. Disponível em: <https://youtu.be/sMyokl6YJ5U>. Acesso em: 06 Set 2019.

LÉVY, P. **O que é virtual?** Trad. Paulo Neves. SP, Ed. 34, 1996.

LOPES, C.A.; ABIB, J.A.D. **Teoria da percepção no behaviorismo radical**. Psicologia: teoria e pesquisa. Vol. 18. Nº2. Mai-Ago., 2002. Pp. 129-137. Disponível em: http://www.scielo.br/pdf/ptp/v18n2/a03v18n2.pdf> Acesso em: 07 Set 2019.

MELLO FILHO, Júlio (coordenador); **Psicossomática hoje**; Porto Alegre; Artes Médicas, 1992.

MELLO FILHO, Júlio. **Concepção psicossomática**: visão atual. SP Casa do Psicólogo, 2005. Google Livros. Agosto, 2011.

NIETZSCHE, F. **Assim falou Zaratustra**. SP: Martim Claret, 2014.

NIETZSCHE, F. **Além do bem e do mal**. São Paulo: Escala. pp. 34–36. 2013.

ONG, L. F. S. **O uso de drogas na consumação da**

modernidade. 2015. 188 f. Dissertação (Mestrado em Psicologia) - Pontifícia Universidade Católica de São Paulo, São Paulo, 2015.

PEIRCE, C. S. **Collected papers of charles sanders peirce**. Harvard University Press; 1931.

PEREIRA, R. E. R. **Análise da cibercultura dialética do corpo real e virtual na construção de um novo "eu"**. 2013. Disponível em: <https://www.psicologia.pt/artigos/textos/TL0330.pdf>. Acesso em: 07 Set 2019.

PETKOVIĆ, T. **The Achievement, Legacy, Intuition, and Cosmopolitanism of Nikola Tesla**. Almagest. International Journal for the History of Scientific Ideas. Pages: pp. 60-85. Vol. 7. Issue 1. Brepols. Mar. 2016.

PLATÃO. **A república**. SP: Edipro, 2012.

RAMOS, A. **Fisiologia da Visão**: um estudo sobre o "ver" e o "enxergar". PUC-Rio. 2006. Disponível em: <http://sites.unifoa.edu.br/portal/plano_aula/arquivos/04054/Fisiologia%20da%20visao%20-%20MODULO%20I.pdf>. Acesso em: 11 Set 2019.

REALIDADE virtual. In: **Wikipedia**, a enciclopédia livre. Disponível em: <https://pt.wikipedia.org/wiki/Realidade_virtual>. Acesso em: 07 Set 2019.

REICH, Wilhelm. **Análisis del caracter**. 3a . ed. Buenos Aires: Paidos, 1986.

ROUDINESCO, E.; PLON, M. **Dicionário de psicanálise**. RJ: Zahar, 1998.
SACKS, O. **O olhar da mente**. Tradução Laura Teixeira Motta. SP: Companhia das Letras, 2010.

SANTAELLA, M. L. **As três categorias peircianas e os três registros lacanianos**. Psicol. USP, São Paulo, v. 10, n. 2, p. 81-91, 1999. Disponível em: <http://www.scielo.br/scielo.php?script=sci_arttext&pid=S0103-65641999000200006&lng=en&nrm=iso>. Acesso em: 21 Ago. 2019. <http://dx.doi.org/10.1590/S0103-65641999000200006>.

SANTAELLA, M. L. **Da cultura das mídias à cibercultura: o**

advento do pós-humano. Revista FAMECOS, n. 22. Porto Alegre. 2003. Disponível em: <http://revistaseletronicas.pucrs.br/ojs/index.php/re%20vistafamecos/article/viewFile/3229/2493> Acesso em: 11 Set 2019

SANTOS, J. F. **O que é pós-moderno**. Ed. Brasiliense, 1987.

SAUSSURE, F. **Curso de Linguística Geral**. 27.ed. Cultrix. São Paulo 2006

SCHULTZ, D.P.; SCHULTZ, S.E. **História da psicologia moderna**. SP: Cengage do Brasil, 2017.

SOARES, L. G. **O conceito de caráter em Wilhelm Reich.** Revista Latino-Americana de Psicologia Corporal. v. 6, n. 1. 2017. Disponível em: <https://psicorporal.emnuvens.com.br/rlapc/article/view/56#targetText=Este%20artigo%20trata%20do%20conceito,chamada%20de%20An%C3%A1lise%20do%20Car%C3%A1ter>. Acesso em: 07 Set. 2019.

VARGAS, M. **História da matematização da nature**za. Estud. av., São Paulo, v. 10, n. 28, p. 249-276, Dec. 1996. Disponível em: <http://www.scielo.br/scielo.php?script=sci_arttext&pid=S0103-40141996000300011&lng=en&nrm=iso>. Acesso em: 21 Ago. 2019. <http://dx.doi.org/10.1590/S0103-40141996000300011>.

VASCONCELLOS, M. J. E. **Pensamento sistêmico**: novo paradigma da ciência. Campinas: Papirus, 2002.

www.ingramcontent.com/pod-product-compliance
Lightning Source LLC
Chambersburg PA
CBHW051125250726
48655CB00007B/2893